글 **부복정**

제주에서 나고 자랐습니다.

제주작가 신인상 수상(2012), 불교신문 신춘문예 당선(2013)으로 작품활동을 시작했습니다.

동화집으로 《왜 내가 먼저 양보해야 돼?》, 《행복바이러스》(공저), 《뚜럼허당》, 《드르에 불 낭 덩싹덩싹》,

《엄마의 봄》이 있습니다.

vkdlsvheh@haamail.net

그림 **한항선**

섬과 육지를 오가며 그림을 그리고 토이를 만듭니다.

자연과 신화에서 작업의 모티브를 얻고, 그 세계에서 비롯한 판타지를 꿈꾸며,

많은 사람들과 함께하는 이야기를 담아내고자 합니다.

mikistly1@naver.com

똥군해녀 순백이

2019년 9월 25일 초판 1쇄 발행

글	부복정
그림	한항선
제주어 감수	사단법인 제주어연구소

펴낸이	김영훈
편집	김지희
디자인	부건영, 나무늘보
펴낸곳	한그루
	출판등록 제6510000251002008000003호
	제주특별자치도 제주시 복지로1길 21
	전화 064-723-7580 전송 064-753-7580
	전자우편 onetreebook@daum.net 누리방 onetreebook.com

ISBN 978-89-94474-90-8 77810

© 부복정, 2019

이 도서의 국립중앙도서관 출판예정도서목록(CIP)은 서지정보유통지원시스템 홈페이지(http://seoji.nl.go.kr)와

국가자료공동목록시스템(http://www.nl.go.kr/kolisnet)에서 이용하실 수 있습니다.(CIP제어번호: CIP2019034871)

값 15,000원

똥군해녀
순백이

글 **부복정**
그림 **한항선**

한그루

우리 엄마는 해녀예요.
바닷속에 들어가 전복, 소라, 성게 같은 해산물을 따오지요.
그걸 물질한다고 해요.
엄마의 엄마인 우리 외할머니도 해녀예요.
엄마의 언니인 우리 이모도 해녀고요.
어쩜 나도 해녀가 되어야 할 것 같아요.

우리 어머닌 좀녀우다.
바당 소곱이 들어강 셍복, 구젱기, 구살 フ튼 바릇덜을 잡앙와마씨.
걸 물질흔던 흐여예.
어머니의 어머니인 우리 웨할머니도 좀녀우다.
어머니의 성인 우리 이모도 좀녀고마씨.
어떵 나도 좀녀가 뒈어사 흠직흐우다.

엄마는 물질하고 와서 밭일을 해요.
어떤 날은 밭일 먼저 가기도 하고요.
외할머니도 그랬어요.
해녀들은 그렇게 새벽부터 밤 이슥할 때까지
농사짓고 물질하며 살림을 꾸려가지요.

어머닌 물질ᄒᆞ영 오랑 뜨시 밧일을 흅네께.
어떤 날은 밧일 문첨 감도 ᄒᆞ곡마씨.
웨할머니도 경헷수다.
좀녀덜은 그처록 새벡이부떠 밤 이식흘 때꼬장
농스ᄒᆞ곡 물질ᄒᆞ멍 살렴을 살아마씨.

"순백아! 여기 있던 뇌선* 봤니?"
엄마가 약을 찾았어요. 바다에 나가려는가 봐요.
잠수병** 때문에 두통약을 먹거든요.
"여기 있어요."
내가 얼른 찾아다드리니 물과 함께
입안에 탈탈 털어 넣고 나갈 채비를 했어요.

"순백아! 이디 셔난 뇌선 봐시냐?"
어머니가 약을 촞아수다. 바당이 나가젠ᄒᆞ는 거 닮아마씨.
줌수벵따문 두통약을 먹주마씨.
"이디 싯수다."
나가 어가라 촞아당 안네난 물광 ᄒᆞᆫ디
입소곱더레 옴막 놓아근에 나갈 준비를 홉디다.

---

* **뇌선** 해녀들이 물질할 때 두통에 먹는 약 이름.
** **잠수병** 해녀들이 기압 차이로 인해 겪는 여러 가지 장애.

바구니에 빗창*, 까꾸리**, 테왁망사리*** 등을 담아 안고
집을 나서던 엄마가 말했어요.
"물질 다녀오마. 바다 근처엔 얼씬도 말고 공부하렴."
엄마는 내가 바다에 가는 걸 싫어하거든요.
하지만 살금살금 쫓아갔지요.

질구덕에 빗창, 바당골겡이, 테왁망사리 등을 담아아정
집을 나사단 어머니가 골앗수다.
"물질 가오마. 바당주끗된 얼러뎅기지 마랑 공븨흥라이."
어머닌 나가 바당더레 가는 걸 경 궂엉흥여마씨.
경흥주만 솔짝솔짝 쫓아갓수다.

---

* **빗창** 전복을 채취할 때 쓰는 도구.
** **까꾸리** 소라, 성게 등을 채취할 때 쓰는 도구.
*** **테왁망사리** '테왁'과 '망사리'를 아우르는 말. 해녀들이 물질할 때 몸을 의지하고 채취한 해산물을 담는 도구.

엄마는 불턱* 대신 지은 탈의장으로 갔어요.
까만 고무옷에 물안경을 쓰고 나왔는데 아주 멋있었어요.
옛날에는 무명이나 광목으로 만든 물소중이**를 입고,
'족쇄눈***'이라 하는 물안경을 썼다고 해요.

어머닌 불턱 대력 짓인 탈의장더레 갑디다.
거멍흔 고무옷에 눈을 썽 나와신디 막 멋젼마씨.
옛날인 미녕이나 광목으로 멩근 물소중일 입곡,
'족세눈'이렌 흐는 눈을 썻던 흅디다.

_____

* **불턱** 돌담을 둥글게 에워쌓아 해녀들이 물질할 때 옷을 갈아입거나 물에서 나와 언 몸을 녹이거나 하는 곳.

** **물소중이** 해녀들이 물질할 때 입는 작업복. 지역에 따라서 물옷, 소중의, 속곳이라고도 한다.

*** **족쇄눈** 물질할 때 쓰는, 작은 알이 두 개인 물안경. 큰 알 하나로 된 물안경을 '통눈', '왕눈', '큰눈'이라 한다.

엄마는 헤엄쳐서 바다 한가운데로 나갔어요.
몸을 거꾸로 해서 하늘을 차더니 이내 사라지고,
망사리를 매단 테왁들만 그 자리에 둥둥 떴어요.
"백구야! 가자."
갈 곳이 있었어요.
백구는 기다렸다는 듯이 앞장서 달렸어요.

어머닌 히영은에 바당 한가운디레 나갓수다.
몸을 거꿀로 헹 하늘을 찬게마는 곳 웃어져불고,
망사릴 돌아멘 테왁덜만 그듸 둥둥 떤마씨.
"백구야! 글라."
갈 디가 셨수다.
백군 지들려신고라 앞장산에 돌웁디다.

"컹컹!"
먼저 도착한 백구가 짖었어요.
갯가 한쪽에 있는 작은 모래밭이었는데,
아이들의 놀이터였어요.
백구가 한 바퀴 돌고선 또 짖었어요.
"컹컹!"
"오늘도 없어?"

"컹컹!"
몬첨 간 백구가 주껏수다.
갯곳 흔펜이 신 족은 모살밧이라신디,
아의덜 놀이터랏수다.
백구가 흔 바쿠 돌앙게마는 뜨시 주껀마씨.
"컹컹!"
"오널도 읏어?"

백구와 내가 찾는 건 바다거북이었어요.
지난번에 이곳에서 그물에 걸린 바다거북을 구해주었거든요.
그 후론 틈만 나면 와서 보게 돼요.
"무사히 잘 돌아갔을까?"
백구도 고개를 갸웃갸웃했어요.

백구영 나가 춫는 건 바당거북이랏수다.
지난번 이듸서 구물에 걸린 바당거북을 구해줘난양.
그 후제부떤 트망 나민 왕 베려보게 뒈어마씨.
"무사히 잘 돌아가신가?"
백구도 야개길 자웃자웃흡디다.

바다에서는 물질이 한창이었어요.
"백구야! 엄마 찾아보자."
엄마 테왁은 표 나게 색칠해놔서 멀리서도 알 수 있거든요.
"컹컹!"
백구가 먼저 찾았어요.
항상 나보다 빨라요.

바당선 물질이 혼참이랏수다.
"백구야! 어머니 촛아보게."
어머니 테왁은 초나게 색칠헤노난 먼듸서도 알아져마씨.
"컹컹!"
백구가 몬첨 촛아수다.
흥상 나보단 뿔라마씨.

18

테왁을 찾으니 엄마도 보였어요.
엄마는 자맥질해서 물속으로 들어갔어요.
얼마 만에 나오나 해서 수를 헤아렸어요.
"하나, 둘, 셋……스물, 스물하나, 서른둘, 야아!"
백구가 옆에서 낑낑거리는 통에 세던 수가 뒤죽박죽돼버렸어요.
"아이참! 백구, 왜 그래?"
백구가 꼬리를 살랑살랑 흔들며 애교를 부렸어요.
나는 한번 흘기고 말았어요.

테왁을 춪이난 어머니도 베려졋수다.
어머니가 ᄌ맥질ᄒ연 물소곱더레 들어갑디다.
얼메나 시민 나오카 ᄒ연 수정을 세어밧수다.
"ᄒ나, 둘, 싯……스물, 스물ᄒ나, 서른둘, 야아!"
백구가 욮이서 낑낑거려부난 세단 수정이 서꺼져불언마씨.
"아이춤! 백구, 무사?"
백구가 꼴리를 살랑살랑 흔들멍 언강을 부립디다.
난 ᄒ번 눈꿀ᄒ연 말안예.

'호오~이, 호오~이'
숨비소리*가 허공에 울려 퍼졌어요.
엄마였어요.
엄마는 숨을 쉬고 도로 내려갔어요.
그렇게 오르락내리락하며 해산물을 땄어요.

'호오~이, 호오~이'
숨비소리가 허공더레 울려 퍼집디다.
어머니랏수다.
어머닌 숨 쉬어근에 도로 느려간마씨.
경 올랏닥느렷닥 ᄒ멍 바릇을 잡아수다.

———
* **숨비소리** 잠수하던 해녀가 바다 위에 떠올라 참았던 숨을 길게 내쉴 때 나는 소리.

'물속 세상은 어떤 모습일까?'
'용궁이 정말 있을까?'
'저 속에 바다거북도 있겠지?'
그때였어요.
"크르릉 크르릉, 컹컹!"
백구가 바다를 향해 마구 짖었어요.

'물소곱이 시상은 어떵흔 모냥인고?'
'용궁이 춤말 시카?'
'저 소곱이 바당거북도 잇이카?'
그때랏수다.
"크르릉 크르릉 컹컹!"
백구가 바당더레 베리멍 막 주꺼마씨.

"어어어! 저, 저건⋯⋯."
돌고래들이 물살을 가르며 튀어 다녔어요.
나는 떨리는 눈으로 그들을 좇았어요.
테왁 옆을 지나쳐 수평선 너머로 사라지더니 돌아오지 않았어요.
"컹컹!"
때맞춰 백구가 밖으로 나오는 엄마를 보았어요.
서둘러 돌아가야 했어요.

"어어어! 저, 저건⋯⋯."
수웨기덜이 물살을 갈르멍 튀어뎅깁디다.
난 털리는 눈으로 가넬 좇안마씨.
테왁 즈꼿딜 지나쳥 수평선 너머레 사라젼게만 돌아오지 아녑디다.
"컹컹!"
때 맞촹 백구가 바깟더레 나오는 어머니를 본 거라예.
서들엉 돌아가사 헷수다.

돌고래 모습이 자꾸만 어른거렸어요. 저녁에 엄마한테 여쭈었어요.

"돌고래 본 적 있으세요?"

"돌고래? 오늘 바다에 왔었니?"

뜨끔했지만 시치미를 떼었어요.

"아, 아니에요. 아까 책에서 돌고래를 보니까 궁금해서요. 왜요?"

"아니, 오늘 돌고래들이 지나갔는데 돌고래 얘기를 하니 말이다."

"정말요? 무섭지 않았어요?"

"처음엔 무서웠는데 지금은 괜찮아.

우리가 '배 알로 배 알로, 물 알로 물 알로'* 하면 그냥 지나가거든."

수웨기 서늉이 자꾸 얼랑거렷수다. 저냑이 어머니신디 들어봔마씨.

"수웨기 봐나수과?"

"수웨기? 오널 바당이 와나시냐?"

금칠락ᄒ엿주만 시치밀 떼어서예.

"아, 아니우다. 인칙 책에서 수웨길 보난 궁금ᄒ연마씸. 무사마씨?"

"아니, 오널 수웨기덜 넘어가신디 수웨기 얘길 ᄒ난게."

"촘말마씨? 무섭지 아년마씨?"

"체얌인 무스왓주만 지금은 괜차녀다.

우리가 '배 알로 배 알로, 물 알로 물 알로' ᄒ민 기냥 넘어가주기."

---

* **배 알로 배 알로, 물 알로 물 알로** 물질할 때 돌고래들이 나타나면 조용히 지나가길 바라며 해녀들이
돌고래한테 하는 말. '배 아래로 배 아래로, 물 아래로 물 아래로'의 의미다.

엄마가 부러웠어요.
나도 해녀라면 거북이고, 돌고래고,
모두 볼 수 있을 텐데 말이에요.
'그래, 해녀가 되는 거야.'
마음을 먹자 엄마한테 털어놨어요.
"나도 해녀가 될래요."
엄마가 어리둥절해서 나를 봤어요.
"언니나 오빠처럼 중학교, 고등학교 가면 바쁘잖아요.
그러니까 지금 물질을 배워둘래요."

어머니가 불러웁디다.
나도 줌녀라시믄 거북이고 수웨기고,
문 베려질 건디마씨.
'기여, 줌녀가 뒈는 거라.'
ᄆᆞ음을 먹으난 어머니신디 털어놨수다.
"나도 줌녀가 뒈쿠다."
어머닌 두령청ᄒᆞ연 날 베립디다.
"성이영 오라방추룩 중ᄒᆞ교, 고등ᄒᆞ교 가민 ᄌᆞ를집니께.
경ᄒᆞ난 지금 물질 베왕 놔두쿠다."

엄마는 단호했어요.
"안 된다."
"왜요? 엄마도 어릴 적부터 했잖아요."
"돈을 벌어야 해서 어쩔 수 없이 한 거지."
"엄마도 돈이 없다면서요. 내가 벌어서 보탤게요."
"아이고, 이 철딱서니하곤. 바다가 얼마나 무서운 곳인 줄 아니?
저승에서 돈 벌어, 이승에서 쓴다 하는 게 물질이다.
가서 공부나 하렴."

어머닌 단호흡데다.
"안 뒌다."
"무사마씨? 어머니도 두린 때부텀 헷수게."
"돈 버실어사 흐난 홀 수 읏이 흔거여."
"어머니도 돈이 읏덴흥멍마씨. 나가 버실엉 보테쿠다."
"아이고, 이 철딱사니흥당. 바당이 얼메나 무스운 된 줄 알암시냐?
저승서 돈 벌엉 이승서 쏜덴 흐는 게 물질이여.
강 공비나 흐라."

32

그렇다고 포기할 내가 아니었어요. 외할머니의 도움을 받았지요.

"해녀 딸이 물질 배워서 나쁠 게 뭐 있다고. 염려 말아라."

외할머니가 나서자 엄마도 마지못해 허락했어요. 대신 지켜야 할 게 있었어요.

"깊은 곳엔 절대 들어가면 안 된다."

"네."

"욕심을 부려서도 안 되고."

"그럴게요."

"그리고……."

"또요?"

"바다 속에서는 아무도 도와줄 수가 없어. 조금만 숨차도 곧장 나와야 해. 괜히 전복 하나 더 하려다가 목숨을 놓을 수가 있거든. 명심해라."

경ᄒ엿뒌 포기홀 나가 아니우다. 웨할머니 도움을 받안마씸.

"줌녀 뚤이 물질 배왕 궂일 게 무시거 싯덴. 즈들지 말라."

웨할머니가 나사난 어머니도 마지못ᄒ영 허락ᄒᆸ디다. 대신 직ᄒ사홀 게 션마씨.

"지픈 딘 들어가민 안 뒌다이."

"예."

"욕심 부령도 안 뒈곡."

"경ᄒ쿠다."

"경ᄒ고……."

"또 싯수과?"

"바당 소곱이션 아모도 도웨줄 수 웃저. 경ᄒ난 ᄒ끔만 숨부따도 곳 나와사 ᄒ여. 궬ᄒ게 셈복 ᄒ나 더 ᄒ젠 ᄒ당 목심 놓을 수 셔. 멩심ᄒ라이."

엄마는 할머니부터 이모, 엄마까지 대물려 입었던 물소중이를 꺼내왔어요.
그걸 입고 물안경을 쓰니, 영락없이 해녀가 되었어요.
'히히, 나도 이젠 물속에 들어간다.'
마음이 들떴어요. 곧 사라졌지만요.
"애걔~, 여기서 하라고요?"
아이들이 노는 얕은 바다였어요.
"엄마가 가는 곳은 아주 깊다. 너는 여기서 많이 연습하고 가야 해."
하는 수 없었어요. 겨우 얻은 기회를 놓칠 순 없으니까요.

어머닌 할머니부떠 이모, 어머니끄지 대물령 입어난 물소중일 꺼넹 왓수다.
걸 입곡 눈을 쓰난, 영락읏이 좀녀가 뒈언마씨.
'히히, 나도 이젠 물소곱이 들어간다.'
ᄆ음이 돌싹거렷수다. 곳 웃어져불엇주만.
"에게~, 이디서 ᄒ여마씨?"
아의덜이 노는 야픈 바당이엇수다.
"어머니 가는 딘 잘도 지픈다. 는 이디서 하영 연습헹 가사 흔다."
홀 수 웃엇수다. 제우 얻은 기휠 놓칠 순 웃이난마씨.

"첨벙첨벙"
물속으로 들어갔어요.
돌도 뒤집어보고, 해초도 캐왔어요.
오래 숨을 견디는 연습도 했어요.
"제법이구나. 조금 더 깊은 데로 가도 되겠어."
칭찬을 받으니 으쓱했어요.
아무래도 해녀가 될 운명인가 봐요.

"첨벙첨벙"
물소곱더레 들어갓수다.
돌멩이도 일러보곡, 바당검질도 캐오랏수다.
오래 숨을 준디는 연습도 ᄒ곡마씨.
"제법이여. ᄒ끔 더 지픈 디레 가도 뒈키여."
웃주와 주난 으싹헤집디다.
아멩헤도 좀녀가 뒐 운멩 닮아마씨.

"여기서 해도 돼요?"
할머니바다였어요.
나이가 들어 깊은 곳에서 물질이 힘든 할머니들을 위해 정해놓은 바다예요.
아무리 해산물이 많아도 상군해녀*들은 얼씬도 않지요.
몇십 년 물질에 바깥물질**까지 다녀온 외할머니도 이곳에서 해요.
"똥군해녀***라서 괜찮아."
"똥군해녀요? 하하하."
벌써 해녀가 된 듯했어요. 아무리 똥군해녀라지만 해녀는 해녀니까요.

"이디서 흥여도 뒈마씨?"
할망바당이랏수다.
나 들엉 지픈 디서 물질이 심든 할머니덜을 위흥영 정흔 바당이라마씨.
아멩 바릇덜이 하도 상군줌녀덜은 얼르지도 아녀마씨.
멧십 년 물질흥고 바깟물질꼬지 뎅겨온 웨할머니도 이디서 흡니다.
"똥군줌녀난 괜걸치아녀."
"똥군줌녀마씨? 하하하."
벌써 줌녀가 뒈분 거 닮읍디다. 아멩 똥군줌녀렌 흥주만 줌녀는 줌녀난마씨.

---

* **상군해녀** 물질하는 기량이 뛰어난 해녀. 그 기량에 따라 상군(上軍), 중군(中軍), 하군(下軍) 해녀로 구분한다.

** **바깥물질** 돈을 벌기 위해 섬을 떠나 육지 또는 외국에서 하는 물질.

*** **똥군해녀** 물질이 서툴거나 처음 배우는 해녀.

나는 몸을 거꾸로 한 채 발을 바동거리며 물속으로 들어갔어요.
볼 게 많아서 눈이 저절로 커졌어요.
'우와! 소라다.'
굵직한 소라를 보자 너무 기뻤어요.
하지만 금방 숨이 차올랐어요.
'호오~이, 호오~이'
숨 쉬고 내려갔더니 소라가 있던 곳을 찾을 수가 없었어요.

난 몸을 거꿀로 흔 냥 발을 바동거리멍 물소곱더레 들어갓수다.
베릴 게 한한흥연 눈이 지냥으로 큰큰헤집디다.
'아고! 구젱기여.'
흙은 구젱길 보난 너미 지꺼졌예.
경흔디 곳 숨이 차올란마씨.
'호오~이, 호오~이'
숨 셩 늑려가난 구젱기가 셔난 딜 촟을 수가 읏엇수다.

42

아까운 소라를 놓쳐서 시무룩해 있었어요.
외할머니가 말했어요.
"그럴 때는 본조갱이*를 두고 오는 거다."
"본조갱이요?"
"응. 빈 전복껍데기를 허리에 차고 있다가 숨 받을 때 뒤집어서 놔두고 오는 거지.
그런 다음 숨 쉬고 내려가서 반짝반짝 빛나는 곳을 찾아가면 아까 봐둔 소라가 있어."
"우와!"
누가 생각한 건지 정말 최고였어요.

족흔 구젱길 놓치난 물투룸ᄒᆞ연 잇언마씨.
웨할머니가 골읍디다.
"경홀 땐 본조갱일 나뒹 오는 거여."
"본조갱이마씨?"
"기여. 빈 겁펑을 허리에 창 잇당 숨 ᄇᆞ뜰 때 뒈쌍 나뒹 오는 거여.
경헹 숨 쉬엉 ᄂᆞ려강 빈찍빈찍 빗나는 딜 촟아가민 곳사 봐둔 구젱기가 셔."
"우와!"
누게가 셍각ᄒᆞ여신지 정말 최고랏수다.

————
* **본조갱이** 바닷속에서 해산물을 발견하여 채취하려고 했으나 숨이 차서 바깥으로 나가야 할 때 해산물의 위치를
표시하는 도구. 주로 작은 전복갑을 이용한다.

외할머니는 그렇게 물질하는 것도 가르쳐주지만 이야기도 많이 해주었어요.
"옛날엔……."
틈만 나면 해녀 이야기, 바깥물질 이야기, 바닷속 이야기를 해주었는데,
그중에서 학교바다* 이야기는 너무 감동스러웠어요.
"오래전이다. 한번은 아이들이 공부하던 학교가 불타버린 거야.
다들 살림이 어려웠지만 아이들 교육이 중요한 건 알았지.
해녀들은 미역이 많이 나는 바다를 학교바다라 정하고
그곳에서 채취한 미역을 팔아 학교를 다시 지었단다."
대단하다고밖에 할 말이 없었어요. 해녀가 되겠다고 한 건 잘한 일 같아요.
하마터면 그르칠 뻔했지만요.

웨할머니는 그치룩 물질흐는 것도 그리쳐 주주만 이야기도 하영 헤주어수다.
"옛날인……."
트망만 나민 좀녀 이야기, 바깟물질 뎅겨온 이야기, 바당소곱 이야길 헤줘신디,
그 가운디서 흑교바당 이야긴 잘도 감동이언마씨.
"오레 뒛저. 흔번인 아의덜이 공븨흐단 흑교가 불카분 거라.
문딱 살렴이 어려왓주만 아의덜 교육이 중요흔 건 알앗어.
좀녀덜은 메역이 하영 나는 바당을 흑교바당이렌 정헤근에
그듸서 주문 메역을 풀앙 흑굘 뜨시 짓엇주기."
대단흐덴벳기 홀 말이 웃어수다. 좀녀가 뒈켄 흔 건 잘흔 일 닮아마씨.
흠마 그리칠 뻔흐엿주만.

———————
* **학교바다** 미역 채취 등으로 나온 수익금을 마을의 학교를 위해 쓰기로 정한 바다.

어느 날, 외할머니가 입원하였어요. 나는 간병하느라 정신이 없는 엄마를 돕고 싶었어요.
'고둥 잡아다가 죽을 쒀야겠어.'
갯바위에서 고둥 잡는 것쯤이야 식은 죽 먹기니까요.
그런데 욕심을 부리다 미끄러져서 갯바위 틈에 발이 끼이고 만 거예요.
"물속에 잠긴 갯바위는 미끄럽다. 조심해야 해."
"바닷속엔 구멍들이 많아서 얕은 곳이라도 위험할 수 있다."
엄마가 주의를 주고 외할머니가 신신당부했었는데도 까맣게 잊은 탓이에요.
"어떡해, 어떡해……."
조급하니까 발이 빠지지 않았어요. 나중에는 지쳐서 물속으로 가라앉으려 했어요.
그때, 뭔가 내 등을 받쳐주었어요.
그 때문에 겨우 물 밖으로 얼굴을 내밀어 사람들이 올 때까지 버틸 수 있었어요.

어느 날, 웨할머니가 입원흔 거우다. 난 간벵흥 노렌 정신 웃인 어머니를 도웨고정 헷수다.
'보말 잡아당 죽 쒀사켜.'
바당곳디서 보말 잡는 거사 식은 죽 먹기난마씨.
경흔디 욕심 부리당 닝끼려젼 곳바위 트망에 발이 집져분 거우다.
"물소곱이 줌긴 곳바윈 닝끼려운다. 조심헤사 흔여."
"바당소곱인 고냥덜이 하부난 야픈 디라도 막 위험홀 수 싯나."
어머니가 주의 주곡 웨할머니가 신신당부흐여신디도 꼼막 잊어분 거마씨.
"어떵흥코게, 어떵흥코게……."
와려부난 발이 빠지지 아녀수다. 냉중인 지쳐근에 물소곱더레 골라앚젼 흥연마씨.
그때, 무시것가 나 등을 받후와줍디다.
그 따문 제우 물 바껫더레 눗을 내놧 사름덜이 올 때꼬장 버틸 수 셧주마씨.

"혼자선 가지 말라고 했잖아. 거북이 아니었으면 어쩔 뻔했니?"
나는 외할머니 병실에 누워 잔소리를 들어야 했어요.
그래도 외할머니가 감싸주어서 금방 끝났지만요.
"천만다행 아니냐? 놀랐을 텐데, 너무 나무라지 마라."
나를 구해준 건 거북이었어요.
전에 내가 살려준 바다거북이 아닐까 해요.
동화책에 나오는 동물들처럼 은혜를 갚은 거라고요.
다시 만날 수 있으면 고맙다고 말할 텐데.

"혼찬 가지 말렌 ᄒᆞ엿시녜. 거북이 아니라시민 어떵홀 뻔ᄒᆞ여시니?"
난 웨할머니 벵실에 눵 준다닐 들어사 헤수다.
경헤도 웨할머니가 감싸주난 곳 끗난마씨.
"천만다행 아니가? 놀레실 건디, 너미 내무리지 말라."
날 구ᄒᆞ여준 건 거북이랏수다.
전이 나가 살려줘난 바당거북이가 아닌가 ᄒᆞ여마씨.
동화책에 나오는 동물덜추룩 은혜를 갚은 거렌예.
따시 만날 수 시민 고맙덴 골을 건디.

외할머니가 말했어요.
"물속에선 그런 일이 종종 있다.
어떤 해녀는 문어를 잡으려고 바위틈에 손을 넣었다가
제때 빠져나오지 못해 죽기도 했지.
물 밖이었으면 별일 아니겠지만……."
나는 바다가 무서운 곳이라는 걸 깨달았어요.
그렇다고 해녀가 되는 걸 포기하고 싶진 않았어요.

웨할머니가 골앗수다.
"물소곱이선 경훈 일이 종종 싯나.
어떤 줌년 뭉겔 잡젠 바위 트멍에 손을 디물앗당
제때 빠져나오지 못흥연 죽기도 헤낫저.
물 베꼇디라시믄 벨일 아닐 테주만……."
난 바당이 므스운 디렌 흔 걸 깨돌앗수다.
경흥엿젠 줌녀가 뒈는 걸 포기흥 구정 흔 건 아니마씨.

"순백아! 일어나라."
엄마가 꼭두새벽부터 깨웠어요. 졸린 눈을 비비며 따라간 곳은 갯가였어요.
"왔구나. 어서 '지드림'*하자."
미리 와있던 외할머니는 내가 가자 엄마와 함께 '지'를 놓고 정성스레 빌었어요.
"고맙습니다. 우리 손주 살려줘서. 앞으로도 아무 일 없게 해주세요."
용왕님께, 조상님께 빌었어요.
너른 바다를 보며 두 손 모아 빌고 또 빌었어요.
나도 마음속으로 빌었어요.
'아무 일 없게 해주세요. 바다거북아! 고마워.'
기도가 끝나자 외할머니와 엄마는 '지'를 바다로 보내는 '지드림'을 했어요.

"순백아! 일어나라."
어머니가 동새벡이부떠 일립디다. 조라운 눈을 부비멍 뜨라간 딘 갯곳디라마씨.
"오랏구나. 흔저 '지드림'흐게."
미릇 왕 셔난 웨할머니는 나가 가난 어머니영 흔디 '지'를 놔뒁 정성시리 빌어수다.
"고맙수다. 우리 손지 살려줘근에. 앞으로도 아모 일 웃게 흐여줍서."
요왕님신디영 조상님신디영 빌어수다.
너르닥흔 바당더레 베리멍 두 손 모양 빌곡 또 빌어수다.
나도 무음 소곱으로 빌어수다.
'아모 일 웃게 흐여줍서. 바당거북아! 고맙다이.'
기도가 끗나난 웨할머니영 어머닌 '지'를 바당더레 보내는 '지드림'을 흐연마씨.

———————

* **지드림** 한 해가 시작되어 첫 물질을 나갈 때 백지에 쌀을 싼 '지'를 바다에 던지는 의례. 안전과 풍어를 위해
  비는 '용왕(요왕)지', 바다에서 돌아가신 조상의 넋을 위로하는 '조상지', 자신을 위한 '몸지'가 있다.

"힘들지 않니?"
오늘도 엄마가 물었어요.
내가 두 손 들기를 기다려요.
하지만 난 그럴 생각이 없어요.
"이걸 이겨내야 다른 것도 할 수 있잖아요."
엄마는 어이없어하며 말했어요.
"넌 누굴 닮았니?"
"엄마요!"

"심들지 아녀냐?"
오널도 어머니가 들읍디다.
나가 두 손 들길 지달리멘마씨.
경흐주만 난 경흘 셍각이 엇수다.
"이걸 이겨내사 탄난 것도 홀 수 싯수게."
어머닌 어이웃엉흐멍 골읍디다.
"는 누게 닮아시?"
"어머니마씨!"